Collection de M. L.

ANCIENNES PORCELAINES

DE SAXE ET D'ALLEMAGNE

FAIENCES — ÉVENTAILS

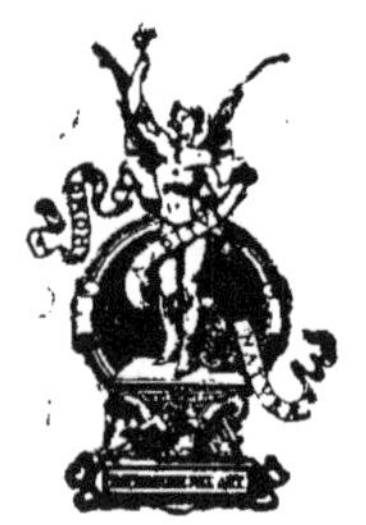

CATALOGUE

DES

ANCIENNES PORCELAINES

DE SAXE, DE BERLIN, DE NYMPHENBOURG, ETC.

Garnitures, Groupes, Figurines, Services

FAIENCES ITALIENNES

Composant la Collection de M. L.

ÉVENTAILS

APPARTENANT A DIVERS

ET DONT LA VENTE AURA LIEU

HOTEL DROUOT, SALLE N° 2

Le Mardi 26 Décembre 1893

à deux heures

COMMISSAIRE-PRISEUR	EXPERT
M° PAUL CHEVALLIER	**M. CH. MANNHEIM**
10, rue de la Grange-Batelière, 10	7, rue Saint-Georges, 7

EXPOSITION PUBLIQUE

Le Lundi 25 Décembre 1893, de 1 h. 1/2 à 5 h. 1/2

CONDITIONS DE LA VENTE

Elle sera faite au comptant.

Les acquéreurs payeront CINQ POUR CENT en sus des adjudications.

L'exposition mettant le public à même de se rendre compte de l'état des objets, aucune réclamation ne sera admise une fois l'adjudication prononcée.

Paris. — Imp. de l'Art. E. MOREAU ET Cie, 41, r. de la Victoire

DÉSIGNATION DES OBJETS

COLLECTION DE M. L.

PORCELAINES DE SAXE

GARNITURES, GROUPES ET FIGURINES

1 — Garniture de trois vases couverts en ancienne
porcelaine de Saxe : ils sont décorés de fleurs
et fruits unis et en relief et les anses sont ornées
de figurines de personnages de la comédie italienne.

Haut., 29 cent.

2 — Deux groupes en ancienne porcelaine de
Saxe : Bacchus à califourchon sur un tonneau ;
autour de lui une bacchante et des amours.

Haut., 21 cent.

3 — Autre plus grand, semblable, en trois parties.
Base en bois doré.

Haut., 26 cent.

5 — Groupe en ancienne porcelaine de Saxe :
la Cueillette des cerises.

Haut., 29 cent.

6 — Groupe en ancienne porcelaine de Saxe :
Deux amours dansant.

7 — Groupe en ancienne porcelaine de Saxe :
Deux amours enlacés et placés sur un tertre
rocaille.

8 — Groupe en ancienne porcelaine de Saxe :
la Mère de famille ; assise sur une chaise, elle
tient son enfant sur ses genoux ; une fillette,
placée auprès d'elle, joue avec le hochet du
bébé.

9 — Groupe en ancienne porcelaine de Saxe :
Bacchus ivre, à califourchon sur son âne, est
soutenu par un de ses suivants ; un amour est
tombé aux pieds de l'âne.

10 — Pendule du temps de Louis XV, formée d'un
tertre et de branchages en bronze doré et ornée
de fleurs et de trois figurines en ancienne porcelaine de Saxe : deux de danseurs, une de
violoneux ; le mouvement a été rapporté posté-
rieurement.

11 — Deux flambeaux en bronze doré composés,
l'un d'une figurine de fleur, l'autre d'une figurine de source, en ancienne porcelaine de Saxe,
au milieu de rameaux à fleurs de même porcelaine.

12 — Groupe en ancienne porcelaine de Saxe : une
Jeune Mère, vêtue d'une jupe à panier, donnant
le sein à son enfant, tient une feuille de musi-
que que déchiffre un adolescent assis auprès
d'elle.

13 — Petit groupe en ancienne porcelaine de
Saxe : Enlèvement ; les deux personnages ont le
corps à demi-couvert par une draperie.

14 — Petit groupe en ancienne porcelaine de
Saxe : Fillette assise qu'un amour couché à ses
pieds enguirlande de fleurs.

15 — Deux petits groupes en ancienne porcelaine
de Saxe : la Justice et l'Abondance, sous les
traits de jeunes femmes debout, en tenant les
attributs ; un amour est assis à leurs pieds.

16 — Figurine en ancienne porcelaine de Saxe :
Cérès debout, la torche à la main, un dragon à
ses pieds ; de la main droite elle tient une pelle
et une pioche.

17 — Trois figurines en ancienne porcelaine de
Saxe : Fillette et Garçons, les uns portant une
manne, l'autre relevant son tablier.

18 — Pégase prenant son vol. Ancienne porcelaine
de Saxe.

19 — Deux statuettes en ancienne porcelaine de
Saxe : Berger et Bergère debout, des brebis
couchées à leurs pieds. Haut., 25 cent.

20 — Statuette en ancienne porcelaine de Saxe :
Arlequin ivrogne.

21 — Autre : le Faiseur de tours et son singe.

22 — Deux autres : la Joueuse de cornemuse assise
et le Vielleux assis.

23 — Autre : le Marchand d'oiseaux.

24 — Autre : le Joueur de cornemuse debout,
vêtu d'un riche costume.

25 — Deux autres : la Marchande et le Marchand
de poissons debout, tenant des poissons.

26 — Autre : le Danseur.

27 — Autre : la Joueuse de triangle.

28 — Deux autres : Marchand et Marchande de fruits.

29 — Autre : le Colporteur.

30 — Petite fontaine en ancienne porcelaine de Saxe, formée d'un corps ovoïde reposant sur trois pieds et décoré de deux réserves de paysages animés sur fond vert.

31 — Cavalier en ancienne porcelaine de Saxe ; le personnage porte le costume militaire de l'époque Louis XV ; le cheval est lancé au galop.

32 — Cheval de trait au repos en ancienne porcelaine de Saxe.

33 — Statuette en ancienne porcelaine de Saxe : Thésée debout, en costume de guerrier antique ; à ses pieds, Cerbère.

34 — Petit groupe en ancienne porcelaine de Saxe :
un enfant, grimpé sur une chaise et soutenu par
sa mère, essaie de saisir une cage qu'un autre
personnage s'est posée sur la tête.

35 — Petit groupe en ancienne porcelaine de Saxe :
une jeune mère, portant un enfant sur le dos,
marche en tenant un autre par la main.

36 — Petit groupe en ancienne porcelaine de Saxe :
la Toilette ; une fillette assise se contemple dans
un miroir ; une autre la coiffe de fleurs, tandis
qu'un adolescent semble lui parler.

37 — Quatre figurines en ancienne porcelaine de
Saxe : Marchande et Marchands ambulants
russes de poissons et de boisson.

38 — Deux figurines en ancienne porcelaine de
Saxe : le Pâtissier ambulant et le Paysan.

39 — Figurine en ancienne porcelaine de Saxe : le
Jardinier arrosant ses fleurs.

40 — Deux figurines en ancienne porcelaine de
Saxe : Jardinier et Jardinière arrosant leurs
fleurs.

41 — Dromadaire en ancienne porcelaine de Saxe décorée au naturel.

42 — Deux figurines en ancienne porcelaine de Saxe : Nègres debout, le torse couvert de plumes, la tête couronnée également de plumes.

43 — Figurine en ancienne porcelaine de Saxe : Personnage de la Comédie Italienne, debout, vêtu d'une tunique et d'une culotte rouges et d'une large houppelande.

44 — Deux statuettes en ancienne porcelaine de Saxe : Mars et Minerve.

45 — Deux figurines en ancienne porcelaine de Saxe : Pêcheur et Pêcheuse debout.

46 — Autre : Personnage debout paraissant déclamer.

47 — Deux figurines en ancienne porcelaine de Saxe : Bacchants debout, une dépouille de cerf nouée autour des reins.

48 — Autre : Fillette debout jouant du flageolet.

49 — Autre : Arlequin assis jouant de la musette.

50 — Deux autres : Enfants tenant, l'un un che-
vreau, l'autre une brebis sur son épaule.

51 — Autre : le Faucheur.

52 — Autre : le Berger et son chien.

53 — Deux autres : Paysanne portant une corbeille de fleurs et tenant des fleurs dans son
tablier relevé, et Paysan tenant un coq.

54 — Figurine en ancienne porcelaine de Saxe :
Adolescent richement vêtu; debout auprès d'un
motif rocaille, une fleur à la main.

55 — Deux figurines en ancienne porcelaine de
Saxe : les Cuisiniers.

56 — Deux figurines en ancienne porcelaine de
Saxe : fillette et garçon tenant des fleurs.

57 — Statuette en porcelaine de Saxe : le Toucher,
figuré par une femme debout, un pied posé sur
une tortue.

58 — Figurine en porcelaine de Saxe : Paysanne tenant une gerbe de blé, debout sur un tertre sur lequel picorent des volailles que guette un chien.

59 — Bestiaux couchés, trois pièces, ancienne porcelaine de Saxe

PORCELAINES DE SAXE

SERVICES ET PIÈCES DE SERVICE

60 — Tête-à-tête en ancienne porcelaine de Saxe, décor de fleurs et de fruits et lambrequin à imbrications bleues composé de : plateau, théière couverte, cafetière couverte, pot à lait, flacon à thé, deux tasses à café avec soucoupes et deux tasses à thé.

61 — Service en ancienne porcelaine de Saxe, à décor de fleurs sur fond or, composé d'une théière couverte et trois tasses et soucoupes.

62 — Service en ancienne porcelaine de Saxe, à décor de fleurs en relief, composé de : théière

couverte, cafetière couverte, flacon à thé couvert, sucrier couvert, bol, petit plateau rond, six tasses en deux modèles avec leurs soucoupes.

63 — Écuelle couverte et plateau en ancienne porcelaine de Saxe à fleurs sur fond or.

64 — Écuelle couverte et plateau en ancienne porcelaine de Saxe, à décor de sujets galants.

65 — Écuelle couverte et plateau en ancienne porcelaine de Saxe, à décor de groupes de paysans.

66 — Écuelle en ancienne porcelaine de Saxe, ornée de deux groupes de musiciens dans un parc avec fleurettes en relief.

67 — Écuelle couverte en ancienne porcelaine de Saxe, décor de fleurs.

68 — Écuelle couverte et plateau en ancienne porcelaine de Saxe, ornée de personnages jouant de la guitare, du flageolet ou dans différentes attitudes.

69 — Écuelle couverte et plateau en ancienne porcelaine de Saxe, à décor de réserves de fleurs sur fond jaune.

70 — Assiette en ancienne porcelaine de Saxe, présentant un groupe de personnages en camaïeu vert : le Tir à l'arc. Marque K. H. C. de la Pâtisserie royale de la cour.

71 — Trois assiettes en ancienne porcelaine de Saxe, écussons armoriés.

72 — Deux assiettes en ancienne porcelaine de Saxe, oiseaux sur des arbres.

73 — Plateau à bords contournés en ancienne porcelaine de Saxe, fleurs et bordure rocaille.

74 à 79 — Environ quatre-vingt pièces en ancienne porcelaine de Saxe, à décor de fleurs, papillons et insectes, en plusieurs dessins : assiettes et un plat.

80 — Assiette à marli ajouré en ancienne porcelaine de Saxe ; fleurs.

81 — Cinq tasses à deux anses et soucoupes en ancienne porcelaine de Saxe, à décor d'oiseaux et arbustes de style japonais émaillés rouge.

82 — Tasse et soucoupe en ancienne porcelaine de Saxe, paysage, fond or.

83 — Tasse et soucoupe en ancienne porcelaine de Saxe, fleurs sur fond rouge.

84 — Tasse et soucoupe en porcelaine de Saxe Marcolini, sujets galants.

85 — Deux petites tasses et soucoupes en ancienne porcelaine de Saxe, personnages chinois.

86 — Petite tasse couverte et soucoupes en porcelaine de Saxe surdécorée, amours sur fond rose.

87 — Tasse et soucoupe en ancienne porcelaine de Saxe, à décor de fleurs.

88 — Tasse et soucoupe en ancienne porcelaine de Saxe, marines sur fond violacé.

89 — Quatre tasses et soucoupes en ancienne porcelaine de Saxe, à décor de branches fleuries de
style japonais.

90 — Tasse et soucoupe en ancienne porcelaine de
Saxe, oiseaux.

91 — Tasse et soucoupe en ancienne porcelaine de
Saxe, paysans.

92 — Tasse lobée et soucoupe en ancienne porcelaine de Saxe, fleurs et papillons.

93 — Tasse et soucoupe en ancienne porcelaine de
Saxe : fleurs en relief.

94 — Tasse et soucoupe en ancienne porcelaine de
Saxe, perroquets et autres oiseaux.

95 — Tasse et soucoupe en ancienne porcelaine de
Saxe, décor de paysages en camaïeu rose.

96 — Tasse et soucoupe en ancienne porcelaine de
Saxe, sujets mythologiques.

97 — Trois tasses et soucoupes en porcelaine de
Saxe Marcolini, sujets galants, bordures bleues.

98 — Deux tasses et soucoupes en porcelaine de
Saxe. Marcolini, oiseaux.

99 — Tasse et soucoupe en porcelaine de Saxe
Marcolini, sujets galants.

100 — Tasse et soucoupe en biscuit de Saxe, à
sujets de style antique en relief, imitant le
Wedgwood.

101 — Pot à lait couvert, en ancienne porcelaine
de Saxe, décoré d'une jeune femme dans un
parc, en camaïeu vert, et d'oiseaux, fleurs et
amours en couleur.

102 — Pot couvert à quatre faces, en ancienne porcelaine de Saxe, décor de fleurs et lambrequins
quadrillés à fond vert.

103 — Beurrier couvert, sur plateau adhérent, en
ancienne porcelaine de Saxe à décor de réserves
d'oiseaux en couleur et fleurs en camaïeu bleu.

104 — Deux pièces, ancienne porcelaine de Saxe :
écuelle couverte et plateau : animaux chimé-
riques.

105 — Chocolatière couverte en ancienne porcelaine de Saxe à fleurs avec rinceaux en relief.

106 — Théière couverte, ancienne porcelaine de
Saxe, fleurs.

107 — Hanap, porcelaine de Saxe, fleurs en relief.

108 — Écritoire incomplète, porcelaine de Saxe à
décor de figurines de personnages chinois.

PORCELAINES D'ALLEMAGNE

PORCELAINES DIVERSES

109 — Deux tasses et soucoupes en ancienne porcelaine de Nymphenbourg, décorées de sujets
bibliques et natures mortes.

110 — Statuette en ancienne porcelaine de Nymphenbourg : l'Afrique figurée par un personnage nu paraissant être un portrait, et assis sur
un tertre auprès duquel pousse un palmier et
d'où sort une tête de dromadaire. Marque à
l'étoile.

111 — Statuette en ancienne porcelaine de Nymphenbourg : femme assise, faisant le geste de commandement.

112 — Six tasses et soucoupes en ancienne porcelaine de Nymphenbourg, à décor de sujets galants et champêtres sur fond or ; au fond des tasses, paysages ; au pourtour, fleurs en relief.

113 — Tasse et soucoupe en ancienne porcelaine de Nymphenbourg, à décor de ruines.

114 — Deux tasses et soucoupes en ancienne porcelaine de Nymphenbourg : oiseaux.

115 — Service en ancienne porcelaine de Berlin, à décor de ruines et paysages animés, composé d'une théière couverte, flacon à thé couvert, bol, trois tasses et soucoupes.

116 — Statuette en ancienne porcelaine blanche de Berlin : jeune femme debout, vêtue d'une jupe à panier, bordée de dentelle, un éventail à la main.

117 — Quatre tasses couvertes et présentoirs en ancienne porcelaine de Berlin, à fleurs, initiales et rubans.

118 — Tasse et soucoupe en ancienne porcelaine de Berlin, à décor de réserves, de petits paysages séparés par des branches fleuries et un motif rayonnant.

119 — Écuelle couverte et plateau en ancienne porcelaine de Berlin, à décor de fleurs et motifs rocaille.

120 — Tasse obconique et soucoupe, en porcelaine de Berlin, paysages en camaïeu orangé.

121 — Statuette en ancienne porcelaine de Louisbourg : Minerve debout auprès d'un socle sur lequel sont posés son casque et son bouclier.

122 — Tasse et soucoupe en ancienne porcelaine de Fulda, 1784, à décor d'urnes et insectes.

123 — Solitaire en ancienne porcelaine de Vienne, à décor de style chinois, composé de : plateau, tasse avec soucoupe, cafetière couverte, pot à lait couvert et petit sucrier.

124 — Cheval attaqué par une panthère. Porcelaine d'Allemagne.

125 — Jeune femme assise sur un lit. Porcelaine
d'Allemagne.

126 — Deux statuettes en porcelaine d'Allemagne :
Apollon et Diane.

127 — Figurine de Renommée, ancienne porcelaine d'Allemagne.

128 — Deux figurines, porcelaine d'Allemagne :
Joueuse de mandoline, joueur de flûte, debout.

129 — Beurrier couvert de forme ovale à décor de
chinois et rinceaux ; porcelaine d'Allemagne.

130 — Tasse et soucoupe en ancienne porcelaine
de Doccia, à décor de guerrier et sujets champêtres entourés de rinceaux. Marque à l'étoile
rouge.

131 — Plat en ancienne porcelaine de Venise, fleurs
et animaux

132 — Assiette en ancienne porcelaine tendre de
Sèvres : Oiseaux.

133 — Deux tasses et soucoupes, porcelaine à reliefs.

134 — Deux petits cache-pots en porcelaine, mascarons en relief.

135 — Corbeille en porcelaine, fleurs sur fond gros bleu, anse en porcelaine et argent doré.

136 — Statuette, porcelaine : Paysanne debout tenant un nid.

137 — Figurine : le Joueur de cornemuse.

138 — Deux tasses et trois soucoupes, porcelaine à reliefs.

FAIENCES

139 — Plat en ancienne faïence d'Urbino : Scène de sacrifice.

140 — Deux petits plats en ancienne faïence d'Urbino : Amours.

141 — Fond de plat en ancienne faïence d'Urbino : Triomphe de Bacchus.

142 — Plateau rond, ancienne faïence d'Urbino : le Taureau de Pasiphaé.

143 — Coupe sur piédouche bas, ancienne faïence italienne : Saint personnage.

144 — Petit plat en ancienne faïence d'Urbino : Personnage tenant une sphère céleste.

145 — Coupe sur piédouche bas, ancienne faïence italienne : Femme poursuivie par un satyre.

146 — Plat, ancienne faïence italienne : sujet biblique.

147 — Petit plat en ancienne faïence de Castel-Durante : trophées. Collection Magniac.

148 — Deux autres : amours et trophées.

149 — Petit plat à fond creux, en ancienne faïence de Faenza, décor de fleurs et rinceaux bleus et verts.

150 — Grande coupe sur piédouche bas en ancienne faïence italienne : l'Arche de Noé.

151 — Coupe sur piédouche bas en ancienne faïence de Faenza : Amour ; au marli, feuillages.

152 — Plateau sur piédouche, en ancienne faïence d'Urbino : Amour et grotesques.

153 — Plat en ancienne faïence italienne : Dieux marins.

154 — Plat en ancienne faïence de Trévise : paysage ; marli à reliefs.

155 — Petite coupe, ancienne faïence de Castelli : Paysans.

156 — Plaque, ancienne faïence de Castelli : Combat.

157 — Plat, ancienne faïence de Castelli : Flore.

158-159 — Six plats variés, faïence italienne.

160 — Plat en ancienne faïence-hispano mauresque à reflets métalliques.

161 — Cinq pièces, Manissés : plats et pot.

ÉVENTAILS

Appartenant à divers

162 — Éventail Louis XV à monture de nacre partiellement dorée : la feuille offre une scène galante dans un parc.

163 — Eventail Louis XV à monture d'ivoire sculpté, ajouré et partiellement peint à sujets pastoraux sur la feuille, paysans et motifs rocaille.

164 — Eventail Louis XV à monture d'ivoire ajouré et partiellement peint et doré, à personnages et vases de fleurs : sur la feuille, sujet pastoral à deux personnages.

165 — Eventail Louis XV, à monture d'ivoire : feuille offrant un paysage animé, avec cours d'eau.

166 — Eventail Louis XV à monture de nacre, partiellement ajourée et dorée, à rocaillles et personnages ; sur la feuille : Joseph vendu par ses frères.

167 — Eventail Louis XV, à monture de nacre ajourée et partiellement dorée, à décor de médaillons de personnages, fleurs et oiseaux : la feuille représente un épisode de l'histoire d'Esther.